PETITE PHILOSOPHIE POUR

GRANDIR

Collection dirigée par Catherine Rambert

Éditions First, un département d'Édi8
12, avenue d'Italie
75013 Paris – France
Tél. : 01 44 16 09 00
Fax : 01 44 16 09 01
E-mail : firstinfo@efirst.com
Internet : www.editionsfirst.fr

ISBN : 978-2-7540-5772-1
Dépôt légal : février 2014

Direction éditoriale : Marie-Anne Jost-Kotik
Édition : Laury-Anne Frut
Correction : Marie Caillaud
Illustrations : Claire Morel Fatio
Mise en page : Camille de Montmorillon

Imprimé en France par Polina - L66885

PETITE PHILOSOPHIE POUR
GRANDIR

CHARLÈNE GUINOISEAU

Aux enfants du monde, petits et grands.
À Axelle, Clotilde et Émeline.
À Sandra. À Damien.

« Le secret d'une existence réussie
est dans la jonction du présent et du passé,
non pas en considérant le passé vu du présent,
mais en mêlant au présent
notre enfance et l'enfance du monde. »

JEAN ORIZET,
MÉMOIRES D'ENTRETEMPS,
LE CHERCHE MIDI, 2012.

INTRODUCTION

Parce que grandir dépasse la croissance physique et que devenir « grand » signifie mille étapes qu'il n'est pas toujours facile de franchir. Parce qu'un enfant sommeille en chacun de nous et que nous avons tous une histoire à porter. Parce que, finalement, nous recherchons tous l'apaisement et l'épanouissement. Et parce qu'il y a quelque chose de très beau dans le simple fait d'avancer, cette *Petite philosophie pour grandir* vous propose quelques pistes de réflexion pour traverser la vie le plus sereinement possible.

Tout au long de cette intime balade, de l'enfance à la sagesse, vous trouverez de nombreux fruits à cueillir pour nourrir vos pensées. Sous la forme d'aphorismes, de citations commentées, de souffles zen ou de courts poèmes, puissent-ils alimenter en vous la disponibilité nécessaire pour retrouver votre enfant intérieur, le guérir, le choyer et réveiller sa curiosité. Puissent-ils vous inciter à faire de votre histoire votre meilleure alliée, à dépasser vos peurs et à être *vous*. Puissent-ils simplement, d'une façon ou d'une autre, vous faire grandir.

Si ce petit livre bienveillant et sans prétention vous mène à vous poser ne serait-ce qu'une seule question que vous n'auriez jamais formulée, un nouvel arbre fleurira quelque part…

Grandir, guérir, mûrir, vieillir…
Du pareil au m'aime.

Sur un fil ou dans la vie,

Vivre une vie de fou,
c'est peut-être (aussi)
avoir peur d'être seul face à soi.
Pourquoi ?

du pareil au même : tout est question d'équilibre.

Accepter les règles du jeu de la vie.

C'est parce qu'elle est incertaine
et imparfaite
qu'elle est si précieuse.

Les arbres sont les racines et la sagesse.

Apprendre à les regarder,
respirer leur verdure
et se laisser gagner par leur immensité.

Nous avons tous
quelque chose à dire.
Nous avons tous
quelque chose à guérir.

Les plus grands explorateurs
parcourent les terres de leurs peines.

Tout voyage intérieur
implique d'avancer
seul.

À l'image des béquilles
qui aident à se déplacer
sans pour autant soigner la jambe,
les oreilles amies apaisent
mais ne marchent pas à notre place.

Si la solitude peut démunir un instant,
elle offre aussi et surtout
l'un des silences les plus importants.
Celui qui permet de devenir « grand ».

Le corps ne parle jamais
pour ne rien dire.

C'est apaisé que l'on peut avancer.

Fermer les yeux. Inspirer avec le nez en gonflant son ventre sur deux temps et visualiser un immense ballon se gonfler lui aussi (rose, vert, bariolé… tel qu'il se présente), laissant apparaître le mot « joie » dessiné dessus. Expirer par la bouche sur quatre temps et prendre conscience de ce soleil qui emplit le cœur.

Et recommencer à sa convenance.

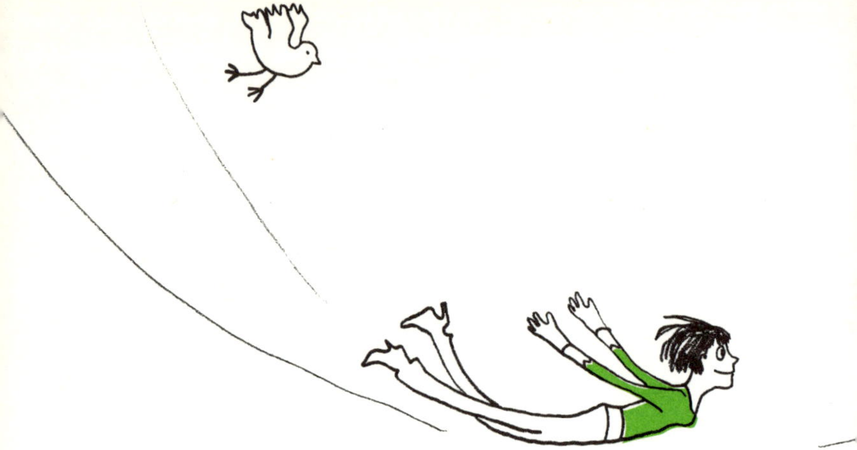

Le plus dur
est sans doute de rebrousser chemin,
de régresser, pour réapprendre à marcher.
Mais alors, il devient possible de voler.
Le jeu en vaut la chandelle !

Un chemin
n'est pas nécessairement
une ligne droite.
Les allers-retours
font partie du voyage.

Regarder le visage d'une personne âgée
et contempler les rides de son histoire.
Quoi de plus beau
qu'une carte de l'existence ?

« Sandro et Marino, collés l'un à l'autre, rient aux éclats chaque fois que l'un bute sur un pavé. Le plus souvent, c'est Sandro qui manque de chuter, à cause de ses chaussures blanches à bouts pointus, celles trop grandes qui appartenaient à Brian Ferry, oui, se souvient Marino, tu me le répètes tout le temps, les chaussures taillées sur mesure mais pas pratiques sur les pavés de Rome. Ils n'ont pas encore atteint le bout de la via Leonina [...] que Marino, du bout des lèvres, la voix sourde et étonnamment rauque pour un enfant de son âge, demande à son père pourquoi il n'a pas retenu sa mère... »
Philippe Fusaro, *L'Italie si j'y suis*, La fosse aux ours, 2010.

Pour pousser droit, l'homme a besoin du soleil au-dessus de sa tête, tel un père qui énonce les règles.

Le monde grouille
de créatures aux jambes lourdes
qui peinent à se déplacer
sur leurs échasses de fortune.
On peut les comprendre :
le poids de l'enfance pèse sacrément lourd !
Chaque histoire est différente,
mais chacune a son lot de monstres,
de sorcières, de lacs salés,
de jouets cassés, de chaussures abîmées.

Et si libérer l'enfant que l'on a été
pouvait nous rendre plus léger ?
De quoi ? De ses chagrins, de ses peurs,
de ses hontes, de ses colères.
De toutes ces petites choses secrètes qui
ont façonné la personne que nous sommes.

Vous souriez, vous êtes dubitatif ?
Tendez toujours l'oreille pour vérifier
qu'on n'a rien à vous murmurer…

Un enfant pleure peut-être en vous
sans même que vous le sachiez.
Et si vous vous autorisiez à le consoler ?

Être déçu par ses parents.
Découvrir qu'ils sont imparfaits.
Prendre du recul si nécessaire.
Revenir, et les accepter tels qu'ils sont.
Pour s'émanciper, enfin.

Soulever le couvercle
d'une Cocotte-Minute,
c'est libérer la pression
et réapprendre à respirer.

Je veux bien prendre le temps

D’écouter

Je veux bien tenir la main

Et marcher

La petite fille reste coincée dans ma gorge

Il y a un monde entre elle et moi

De peurs et d’hommes en papier

Qu’il suffirait de déchirer.

Comment ?

Regarder un enfant dans les yeux
et recueillir sa vérité.

Partir en quête de son enfant intérieur blessé est l'équivalent d'une grande randonnée. Il vous faudra marcher, marcher, et marcher encore. Être attentif aux paysages, aux odeurs, aux sons. Et, quand le moment sera le bon, ouvrir une porte. La vôtre. Celle qui mènera à votre univers intérieur.

Peut-être rencontrerez-vous une petite fille assise sur une marche, un monstre terrifié ou une sorcière en colère. Peut-être entendrez-vous une musique latino ou le silence du deuil. Une chose est sûre, cette rencontre sera source d'émotions. Et, par la suite, d'apaisement. Car si l'on dit souvent « qu'après il est trop tard », on peut quand même prendre le temps de s'écouter et de s'apporter amour et sécurité, une fois « grand ». On peut prendre un moment pour serrer fort dans ses bras cet enfant que l'on a été et qui a manqué un jour de quelque chose, pour ensuite le laisser reprendre sa place. Une place qui ne sera plus jamais la même. On peut s'accorder cette expérience pour ne conserver que le meilleur de son enfant intérieur : sa spontanéité, son innocence, sa « pureté ». Et ainsi, se redécouvrir.

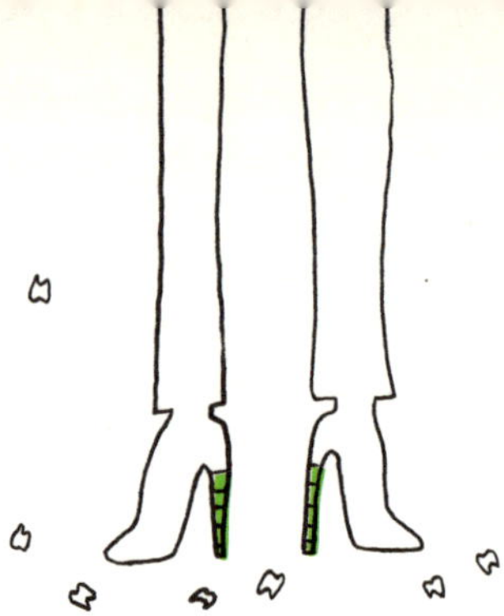

Une talonnette invisible
pousse sous nos pieds
à chaque dent de lait tombée.

Les histoires de famille
sont la condition « sine qua non »
pour avoir une famille.

On ne peut pas tout avoir !

Apprendre à dire

NON

est le début de la liberté.

Fermer les yeux et inspirer en gonflant son ventre. Retenir sa respiration le temps de tourner la tête vers la gauche, puis vers la droite. En douceur.
Expirer par la bouche, et prendre conscience de sa capacité à dire NON.
NON à l'agressivité, la rancœur, la jalousie. Non à la possessivité, l'écrasement et l'oubli. Non à ce que vous ne voulez pas accepter.

Grandir, c'est faire entendre sa voix...
... sans recouvrir celle des autres.

Ce qui est bon en cuisine
l'est souvent dans la vie.

Laisser reposer un gâteau
vous semble naturel ?

Et si vous laissiez un peu
dormir votre colère
avant de vous brûler les lèvres ?

Le soleil ne juge personne,
il éclaire tous les chemins.

Grandir,
c'est porter un nouveau regard sur ses aînés
en les considérant
non plus uniquement comme des parents
ou des grands-parents,
mais aussi comme des êtres à part entière,
avec leur grâce et leurs failles,
leurs exploits et leurs combats.
C'est deviner leurs craintes
– car ils en ont eux aussi –,
leurs émotions, leurs envies.

Vive les peaux mortes !
Elles signifient qu'une peau toute neuve
ne demande qu'à voir le jour !

Laissez tomber les masques,

soyez vous !

L’écorce pourra bien s’effriter,
les branches tomber,
le vent souffler, le soleil passer,
toujours garder ses quinze ans.

On ne perd pas ses rêves.
On les range dans un coffre
pour mieux les ressortir,
une fois plus fort.

« Ce que nous vivions là, et nous en étions conscients tous les quatre, c'était un peu de rab. Un sursis, une parenthèse, un moment de grâce. Quelques heures volées aux autres...
[...]
Et je sais que nous en étions tous conscients. Je nous connais bien.
La pudeur nous empêcherait d'en parler, mais à ce moment précis de nos chemins, nous le savions.
Que nous vivions au pied de ce château en ruine la fin d'une époque et que l'heure de la mue approchait. Que cette complicité, cette tendresse, cet amour un peu rugueux, il fallait s'en défaire. Il fallait s'en détacher. Ouvrir la paume et grandir enfin. »

Anna Gavalda, *L'Échappée belle,* Le Dilettante, 2009.

Il nous est parfois donné de sentir ce moment où le wagon de l'enfance se détache. Un moment où l'on semble pourtant déjà « grand ».

Il nous est parfois donné de coller mains et nez contre la vitre une dernière fois pour saisir cet instant si fragile et si délicat à la fois.

La vie est faite de multiples wagons qui prennent de l'épaisseur en s'évanouissant.

Le monde appartient
à qui sait (se) voler du temps.

On avance parfois plus vite
en ralentissant
qu'en déambulant
en mode automatique.

Donnez-vous rendez-vous !
Ouvrez votre agenda,
choisissez une date au hasard
et réservez-la pour *vous*.

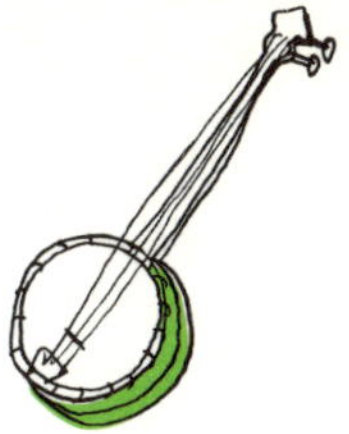

Introvertis,
vous avez tant à dire !
Prenez une plume,
un micro,
des chaussons,
un banjo,
ce que vous voulez, mais
ex-pri-mez-vous !

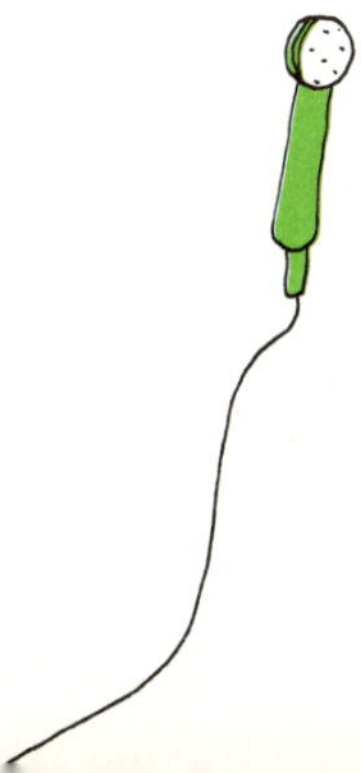

« Je demande pardon aux enfants d'avoir dédié ce livre à une grande personne. J'ai une excuse sérieuse : cette grande personne est le meilleur ami que j'ai au monde. J'ai une autre excuse : cette grande personne peut tout comprendre, même les livres pour enfants. J'ai une troisième excuse : cette grande personne habite la France où elle a faim et froid. Elle a bien besoin d'être consolée. Si toutes ces excuses ne suffisent pas, je veux bien dédier ce livre à l'enfant qu'a été autrefois cette grande personne. »
Antoine de Saint-Exupéry, *Le Petit Prince*, Gallimard, 1946.

Et si l'on pouvait retrouver la créativité, l'innocence et la spontanéité de l'enfance ? Et s'il fallait commencer par dessiner et colorier en acceptant à nouveau de dépasser de temps à autre ?

On devrait toujours
prendre les enfants au sérieux.
(Surtout ceux qui vivent en nous.)

Monter debout sur un tabouret,
lever les bras en l'air
et se dire que rien n'est impossible !

Pourquoi avoir peur du ridicule ?

Quand oser des cheveux rouges,
des ongles bleus, une chanson jaune,
des talons roses, une prose verte,
une vie violette...
si ce n'est quand on le *veut* ?
À bien y regarder vous trouverez toujours
chez vos voisins, sous une veste noire
ou derrière une voix beige,
un sursaut fluo, un geste arc-en-ciel.
Et quand bien même oser vous ferait chavirer,
le Groenland n'attend que vous
pour respirer un bon coup
et vous rappeler que la nature,
elle aussi, a osé.

Foncez : soyez vous, encore et toujours !

« J'ai toujours pensé que l'enfance était un absolu. Les premières lectures, comme les premières sensations, sont les plus fortes. Pour mille raisons, on peut perdre le souvenir de cette intensité, le plus souvent liée au pouvoir de l'intrigue. Ceux qui se souviennent de cette intensité ne peuvent plus croire aux histoires. Ils y ont trop cru. Essayer de relire *Crin-Blanc*, ne plus vibrer qu'aux deux dernières phrases. Relire *L'Île au trésor* et m'ennuyer au bout de trente pages, c'est possiblement être supérieur à ces deux livres. Mais c'est peut-être aussi qu'ils représentent un monde "dont j'ai cessé d'être digne". [...] Me rappeler toujours à quel point j'ai perdu *Crin-Blanc*. »

Philippe Delerm, *Écrire est une enfance,* Albin Michel, 2011.

D'une grande puissance, les premières fois s'envolent dès leur délivrance.

Il tient pourtant à chacun de décider de se laisser émouvoir et impressionner. Il y aura toujours de nouvelles premières fois. Le filtre de l'expérience ne se veut pas censure, mais protection, tel un rempart contre l'inondation.

C'est parfois lorsqu'on se *voit* grandir qu'on se sent comme attiré – et même propulsé – en arrière. Loin derrière, là où les peurs paniques, terreurs nocturnes et boulimies d'affection se ravivent. D'un bond à reculons aux allures d'ultime sursaut pour un monde déjà presque envolé, dont on ne veut pas être rejeté. Un monde qui respire amour inconditionnel, gaieté, attention, sécurité, passion et insouciance. Un monde que l'on peut nommer « enfance », « jeunesse » ou « bon vieux temps », selon le moment. Un monde dont on s'est en fait déjà émancipé mais qu'on a besoin de dérober, en un *sprint* magistral.

Il est des caps qui se franchissent plus théâtralement que d'autres.

Peut-être qu'on ne devient jamais grand,
finalement ?
Et que c'est très bien ainsi !

Grandir incite à regarder
droit devant le monde, en conscience,
sans avoir *besoin* de se retourner.

Ce qui est fait est fait et il faut l'accepter.
La question devient alors :
« Que faire maintenant ? »

Rêver,
flâner,
inventer,
divaguer est régénérant.

Vivre est un don.
L'honorer est un art.
Saisir cette chance
est signe de sagesse.

Un défaut ? Une tare ? Une faiblesse ?
Vous n'y changerez rien véritablement.
Alors autant en tirer le meilleur !
Que pouvez-vous faire
de vos imperfections ?

Que de ressources gaspillées
à s'inquiéter au quotidien…
Les grands inquiets savent-ils
qu'ils sont étonnamment musclés
en vitalité ?

Grandir, c'est apprendre à connaître son corps. Le découvrir comme on part en voyage.

Hypocondriaques,
angoissés,
névrosés,
vous avez une telle énergie de vivre !
Sachez la saisir !

« Tantost elle [la peur] nous donne des aisles aux talons, […] ; tantost elle nous cloüe les pieds et les entrave. »

Montaigne, *Essais, Livre premier, « De la peur »*, Presses Universitaires de France, 1924.

Malgré le sourire d'après l'épreuve, il arrive que quelque chose entre le corps et la peur demeure. Quelque chose qui ébranle quand on ne s'y attend pas. Qui chahute et pousse au bord du malaise. Comme si ce corps, soudain, tentait de crier. Il est alors important de sentir la chance que l'on a d'être fait d'une enveloppe qui délivre un message. Mais aussi de prendre conscience de ce foyer de peur qui demeure et qu'il convient de libérer. Dans ces deux prises de conscience résident sans nul doute les prémices de la liberté.

Quand la peur devient le danger,
poser un instant les yeux sur soi.
La solution est en moi.

Sous ses pieds, visualiser ses belles racines. Denses et fortes. Puissantes et rassurantes. Résistantes et apaisantes. Se sentir ancré, en sécurité.

Il est important
de prendre le temps
de choyer son corps
comme on fait le ménage dans son logis.

« Il nous faut affronter la nuit si nous voulons découvrir la lumière. Il nous faut entrer dans la douleur si nous voulons la guérir. C'est le refus de l'obscur qui est intolérance. Nier l'angoisse qui saisit tout être humain du simple fait qu'il est mortel, c'est ne plus vivre. [...] Il ne faut pas avoir peur de la nuit pour y trouver demeure. Il faut traverser les enfers pour porter au jour une parole qui libère même les pierres. Il nous faut accepter d'être des êtres humains. »

Fabrice Midal, *La Tendresse du monde,* Flammarion, 2013.

Tout enfant, petit ou grand, a besoin de deux choses primordiales pour repérer et emprunter son propre chemin : un peu d'amour et une bonne paire de chaussures.

Se rendre en forêt pour choisir son arbre.
Celui qui recueillera tous ses secrets.

Nous ne vivons pas
dans un monde tout de rose vêtu,
mais nous pouvons choisir
les lunettes que nous portons.
Et si vous optiez
pour celles de l'optimisme ?
On grandit bien mieux au soleil !

L’insécurité
est le sac à dos de la peur.
Pour se défaire de l’une,
il faut débrouiller l’autre.

Avez-vous déjà pardonné
au sens fort du terme ?
De ce pardon qui demande parfois
bien du courage et bien du temps ?
Avez-vous remarqué
comme vous avez aimé et grandi ce jour-là ?

Et ce pardon, vous l'êtes-vous accordé,
à vous aussi ?

Se réjouir de verser des larmes
sur la plante que nous sommes.
Ainsi, elle pousse
et se dote de la chance inouïe
d'accueillir le bonheur.
Car comment le reconnaître,
ce bonheur,
sans avoir au préalable
saisi le visage de la douleur ?

Accepter son ennemi.
D'une façon ou d'une autre,
il nous a construit.

Du dire au revoir
à la demande de pardon
en passant par le je me souviens
et le grandir enfin…
la musicothérapie,
mère de tous les possibles.

Une page trop lourde pour se tourner ?
Une émotion à libérer ?
Un besoin de se remémorer ?
La musique ouvre parfois
des portes inattendues.
Écoutons ! Fort. Très fort !

Que penseriez-vous
d'un homme décidant de porter seul
une table en granite d'une tonne ?
Qu'il risque de se casser le dos ?

Maintenant, que penseriez-vous
d'un homme brisé par l'angoisse
qui refuserait toute main tendue ?
Qu'il se condamne au pire ?

Et que penseriez-vous
d'un homme se tuant à la tâche
et se détournant de tous
pour être le premier et le meilleur ?
Qu'à plusieurs on est plus forts ?

Le sage a développé son endurance.
Mais aussi sa capacité à sourire à son ego
pour demander de l'aide.

Faire le (grand) point sur soi
relèverait du nombrilisme ou de la folie…
Mais qui sont les « fous » ?

L'introspection et la remise en question
n'ont rien d'un caprice : c'est de l'hygiène !

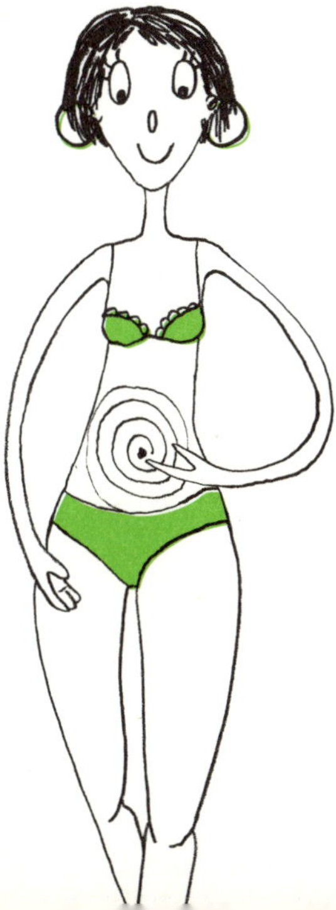

« La blessure intérieure peut être comparée à une blessure physique que tu as sur la main depuis longtemps, que tu ignores et que tu as négligé de soigner. Tu as plutôt préféré porter un gant pour ne pas la voir. [...] Nombreuses sont les occasions où nous nous croyons rejetés, abandonnés, trahis, humiliés ou traités de façon injuste. En réalité, chaque fois que nous nous sentons blessés, c'est notre ego qui aime croire que quelqu'un d'autre est à blâmer. On cherche donc à trouver un coupable. Parfois, nous décidons que nous sommes ce coupable quand, en réalité, ce n'est pas plus vrai que lorsque nous accusons quelqu'un d'autre. Tu sais, dans la vie, il n'y a pas de personnes coupables : seulement des personnes souffrantes. Je sais maintenant que plus on accuse (soi ou les autres) et plus la même expérience se répète. L'accusation ne sert qu'à rendre l'humain malheureux. Tandis que lorsque nous regardons avec compassion la partie de l'humain qui souffre, les événements, les situations et les personnes commencent à se transformer. »

Lise Bourbeau, *Les 5 blessures qui empêchent d'être soi-même*, Éditions E.T.C., 2000.

Pourquoi partir en pleine nuit quand on peut s'offrir la lumière ?

Ne nous fuyons pas. Écoutons-nous. Écoutons l'autre. Cherchons la source. Et redonnons vie aux particules lésées. Il est toujours temps de s'apprivoiser.
Devenir grand, ce n'est pas seulement travailler pour avoir un toit. Devenir grand, ce n'est pas non plus uniquement se faire à manger ou gérer son argent. Devenir grand, c'est déjà laisser les émotions vivre et nous emplir de ce que nous sommes.

Le savoir est provisoire
et grandir relève de l'inachèvement.
Jusqu'au seuil de la mort,
l'homme apprend et se forme.

« Petit Hector hésita. Que raconter à son papa ? Il commença par le moins difficile, l'histoire de Guillaume et Matthieu, et puis le devoir de géographie... et puis, il lui raconta tout, le jeu vidéo d'Arthur, les chaussures trop petites, Amandine...

À la fin, il avait envie de pleurer.

– Bon, dit son papa, c'est bien qu'on en parle.

– J'en ai marre, dit Petit Hector, j'aimerais ne plus avoir de soucis !

[...]

– Petit Hector, les soucis, ça ne s'arrête jamais.

– Même quand on est grand ?

– Même quand on est grand.

– Mais quel genre de soucis ?

Son papa eut l'air de réfléchir un petit peu, et puis finalement, il dit :

– Les mêmes. »

François Lelord, *Petit Hector apprend la vie,* Odile Jacob, 2010.

Il n'y a pas d'âge pour apprendre la vie. On repart de zéro à chaque nouvelle difficulté. Au détail près qu'entre-temps, on a appris à se relever.

« Je veux qu'on agisse, et qu'on allonge les offices de la vie tant qu'on peut, et que la mort me treuve plantant mes chous, mais nonchalant d'elle, et encore plus de mon jardin imparfait. »

Montaigne, *Essais, Livre premier, « Que Philosopher, c'est apprendre à mourir »,* Presses Universitaires de France, 1924.

La vie s'écoule à la vitesse qu'elle le souhaite. Autant la vivre le mieux possible plutôt que de construire ses propres prisons !

Chaque naissance est une loterie.
Certains gagnent le gène de l'optimisme
quand d'autres ramassent celui de l'angoisse.

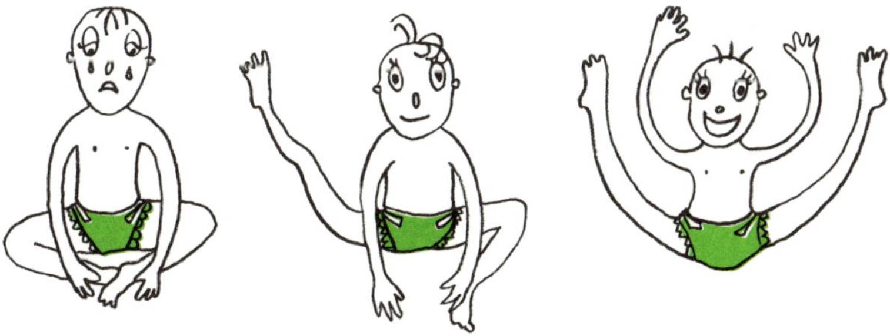

Mais par chance, l'optimisme, ça se cultive !
Votons pour un enseignement
de la résilience en classe !

Nous réagissons
tous différemment à la douleur.
Certains la ressentent bien plus fort
que d'autres,
à leur grand désarroi.

Et s'il en était de même pour le plaisir ?
Quelle chance !

Savoir s'arrêter un moment
et apprécier le chemin parcouru.

On ne naît pas tous dans la même maison.
On ne démarre pas tous
avec les mêmes cartes, les mêmes atouts.
Mais, par chance,
nous possédons tous, à un moment donné,
un grand trésor : le choix.
Celui de découvrir et d'être qui l'on est.
Celui de grandir par nous-même.
Celui de nous rester fidèle.
Le choix de prendre
cette belle et grande responsabilité.

Dans le brouhaha du quotidien,

se demander quel est le sens de la vie ?

Qu'il est doux et fertile,
le temps de l'ennui.
Ennuyez-vous !

Laisser aux enfants
l'espace de la rêverie,
c'est les aider à se développer.
Et ce qui est bon pour les petits
l'est a priori pour les grands…
Songez-y !

« Sur la première page de mon journal, j'ai pris l'habitude de coller une photo de moi enfant. Elle me rappelle l'immense vitalité et les nombreuses potentialités de celui que j'ai été. Elle me rappelle aussi combien mes peurs et mes conditionnements ont empêché cet "enfant intérieur" de s'exprimer. Écrire chaque jour quelques minutes avec discernement et honnêteté est le meilleur moyen de renouer avec l'élan de vie qui sommeille en moi. »

Thierry Janssen, *Confidences d'un homme en quête de cohérence*, Les liens qui libèrent, 2012.

Ne sous-estimez pas les pouvoirs de l'écriture ! Encore moins ceux de l'enfant que vous avez été ! Vous souvenez-vous de cette âme à l'état « pur », dénuée de tout masque social ?

Et si vous vous offriez un joli cahier, carnet ou agenda sur lequel vous pourriez vous aussi coller une photo de vous enfant pour en réveiller la sincérité, la simplicité et la spontanéité ? Un monde de papier pour relater vos journées en toute franchise, ce que vous en avez retiré et ce que vous pourriez envisager ?

À la manière d'un enfant
qui apprend à lire,
redécouvrir certains mots
comme pour la première fois,
pour leur donner
une dimension nouvelle :

existence
liberté
sens
écouter

« Colette, je regrette de ne pas avoir appris à lire avec toi, mais j'avais honte, moi, vieille dame, d'apprendre avec une petite fille. Aujourd'hui, je pourrais regarder les programmes de télévision et choisir mes émissions. »

Colette Chiland in *À quoi sert le savoir,* Presses Universitaires de France, 2011.

Pourquoi faire celui qui sait ou n'a pas besoin de savoir quand un monde peut s'ouvrir à nous ? Grandir, c'est libérer l'ego pour demander au savant le partage de ses richesses.

Les adultes
ont beaucoup à apprendre des enfants.
Leurs « pourquoi » sont leur plus grande force
car, grandir, c'est ouvrir grand les yeux.
Peut-être est-ce
parce que l'on perd de cette curiosité
que l'on ne grandit plus physiquement
à partir d'un certain âge ?

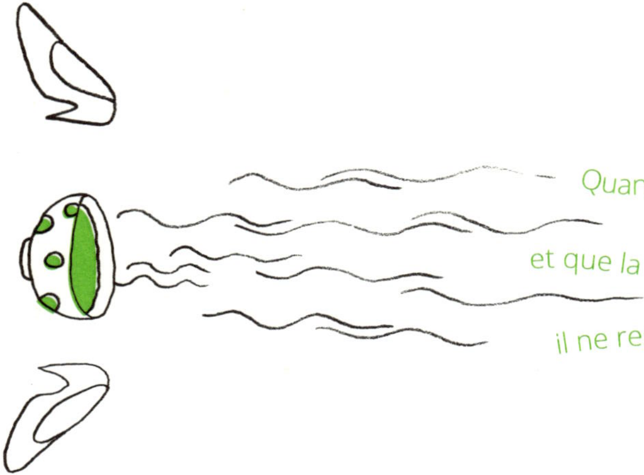

Quand la soupe cesse de *faire* grandir

et que *la* pointure des chaussures se *stabilise*,

il ne reste *plus qu'à* se mettre en piste.

À vous de jouer !

Les rêves, fous et irréalisables,
insinuent l’énergie de l’espoir.

Saviez-vous que l'indonésien
ne comporte aucune conjugaison ?
Les notions de passé et de futur
n'existent pas.

Peut-être les Indonésiens
ont-ils alors une capacité
plus grande que nous
à profiter du moment présent ?
Peut-être anticipent-ils moins le futur ?

Et si vous tentiez cette aventure ?
Une journée sans notion de temps ?
Chiches ?

Passez votre chemin,
messieurs Passé simple et Futur de l’indicatif :
monsieur Présent est bien le plus difficile
des temps d’aujourd’hui.
Peut-être suffirait-il de le (re)conquérir ?

Grandir passe aussi par le fait de ralentir.
S'asseoir un instant sur le bas-côté
pour apprécier ce que l'on a.

Apprendre le présent,
c'est réapprendre à vivre.

Chers tourmentés de « nature »...
Peut-être pourriez-vous,
à raison de trois fois par jour,
adopter la gymnastique du chimpanzé ?

Pourquoi un chimpanzé ?
Parce que son image vous a détendu,
rien qu'un peu, n'est-ce pas ?
Alors pourquoi pas ?
Et parce qu'on n'apprend pas
à un vieux singe à faire des grimaces... !

Le verre n’est pas à moitié vide,
la peur n’est pas un ennemi,
le meilleur reste à venir.

L’être profond
naît de la libération
du foyer de ses peurs.
Quelles sont les vôtres ?

C'est parfois
en s'oubliant un peu
qu'on se retrouve
le mieux.

Votre corps
vous claque parfois la porte au nez ?
N'êtes-vous donc pas riche
du système d'alarme
le plus performant du monde ?
Tout est question de point de vue...

Machine (a priori) bien réglée,
le corps peut s'emballer et user
de réflexes totalement disproportionnés.
C'est que le corps a bonne mémoire et réagit
selon ce qu'il a observé par le passé.
Il tient alors à chacun de choisir
de considérer ces démesures avec soin,
de chuchoter au corps que tout va bien
et de se rappeler que, précisément,
il n'est pas une machine…

« Tu n'as pas de crème de soin ?
– Non.
– Ni de crème de jour ?
– Non.
– Ni de crème de nuit ?
– Non.
– Tu n'as rien ?
Elle était horrifiée.
– Si. J'ai une brosse à dents, du dentifrice, de L'Heure bleue, des préservatifs, du mascara et un tube de Labello rose.
Elle était ébranlée.
– C'est tout ce que tu as dans ta trousse de toilette ?
– Euh... c'est dans mon sac. Je n'ai pas de trousse de toilette. »
Anna Gavalda, *L'Échappée belle,* Le Dilettante, 2009.

Dans le trousseau de nos habitudes, recherchons de temps à autre la clé du lâcher-prise.

Dormir fait grandir…
Corps et esprit relâchés
sont plus efficaces
que la soupe et l’engrais !

Devenir grand,
c'est faire la paix avec les monstres.

Tout problème nommé
est en partie dénoué.
Et toute évidence
est parfois bonne à rappeler...

Avant de s'endormir, se reconquérir sans bruit. Partir de ses orteils à ses paupières, en respirant calmement. Sentir chaque partie de son corps vivante et, par le souffle, la détendre. Jusqu'à ce que les plis du front s'évanouissent et que les paumes des mains commencent à s'ouvrir.
Et, juste avant de franchir la porte du sommeil, poser une question toute simple à son inconscient :

« Que veux-tu me dire ? »

Le château nocturne ouvre ses portes
à qui se présente sans bruit.

Prisonniers
d'une feuille de papier,
les cauchemars – et leurs valises –
ne pourront plus se cacher.
Dessinons-les !
Écrivons-les !
Rencontrons-les !
Avant de les oublier !

Que murmurent-ils,
nos cauchemars,
loin de leur royaume de nuit ?
Sont-ils toujours si effrayants ?

Et tant qu'à faire,
pourquoi les rêves – et leurs promesses –
ne prendraient-ils pas un peu le soleil,
eux aussi ?
Ne méritent-ils pas tout autant
de voir le jour
dans un carnet de croquis ou d'écrits ?

Grandir,
c'est visiter la nuit
sans oublier,
au petit matin,
d'ouvrir les volets.

Ouvrir grand les bras, inspirer profondément et prendre conscience de ce calme qui s'installe en moi. Je prends conscience de ma capacité à m'apaiser.

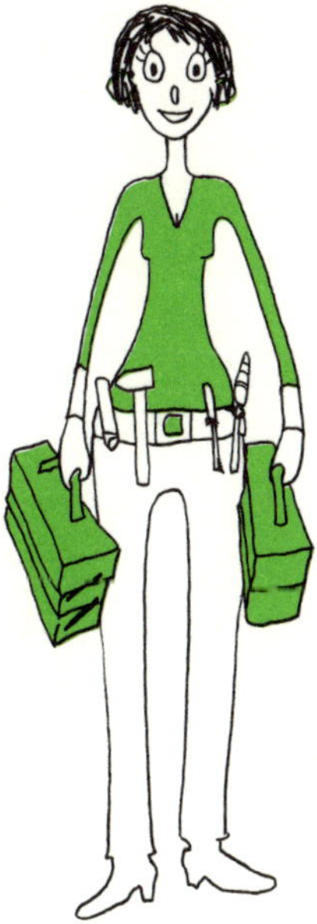

Fermer les yeux
et visualiser une grosse boîte à outils
remplie de clés, marteaux, tournevis
et autres bienfaiteurs.
À l'apparition d'une cassure,
vous rappeler
que les outils sont en vous.

« L'expérience fait voir que ceux qui sont les plus agitez par leurs passions, ne sont pas ceux qui les connoissent le mieux. »

Descartes, *Les Passions de l'âme,* Librairie Philosophique J. Vrin, 1999.

Il est des époques de la vie où les passions sont violentes. Lors de l'adolescence mais aussi plus tard, lors de « crises » de « maturité », où chaque bonheur et où chaque douleur prend une ampleur sans pareille, où chaque peur siège d'une étrange manière, où la passion devient nourricière, où le danger heurte la raison, où les valeurs dansent dans une barque hésitante. C'est pourtant lors de cette pénible mais nécessaire traversée que l'adulte s'envisage une première fois.

Il est des passerelles qu'il convient d'accueillir avec bienveillance.

Grandir,
c'est dépasser
l'inévitable berceau de désillusions
et appartenir au monde,
en conscience.

« [...] Honte à toi qui la première
M'as appris la trahison,
Et d'horreur et de colère
M'as fait perdre la raison !
Honte à toi, femme à l'œil sombre,
Dont les funestes amours
Ont enseveli dans l'ombre
Mon printemps et mes beaux jours ! [...] »
Alfred de Musset, *Poésies nouvelles, « La Nuit d'octobre »,*
Flammarion, 2001.

Les yeux du premier amour se ferment et l'on n'a plus de maison. Voici venu le temps de construire la nôtre.

Faire le deuil du premier amour,
c'est se préparer pour le grand.

Peur d'être abonné
aux erreurs et schémas du passé ?
Parfois, un grand coup de pied
dans le tas fait avancer.
Osez !

Une seule rencontre,
même anodine,
peut sauver une vie.

« Aimer, c'est trouver sa richesse hors de soi. »
Alain, *Éléments de philosophie*, Gallimard, 1941.

En grenouillère de rires, buvant une soupe de confidences, chantant la vérité ou partageant la beauté, l'ami véritable se distingue entre mille et se reconnaît dans la nuit.

Il est des gens
qui changent le cours de notre existence.
Les reconnaîtrons-nous ?

Qu'il est bon
d'apprécier la joie quand elle se présente !
Que ce soit dans le plaisir
de savourer un onctueux chocolat chaud,
d'écouter un oiseau chantonner,
d'observer le soleil se réveiller
ou de sentir l'Évidence pointer son nez.
Recueillir ces instants de joie
et les serrer contre son cœur,
comme dans un écrin, pour se sentir bien.

Se rappeler que le « mariage »
n'est que le début du voyage,
pas son aboutissement.

Fermer les yeux et inspirer en gonflant son ventre. Retenir sa respiration le temps de pencher sa tête vers l'arrière, puis vers l'avant, en douceur ; et prendre conscience de sa capacité à dire OUI.
Oui à l'amour, à la paix, à la gentillesse, au bien-être, à la découverte, à la lumière. Oui à tout ce qui peut m'apporter joie et satisfaction.

Toute arrivée
est un nouveau départ.

S’autoriser le doute.
Lui offrir l’hospitalité, sans culpabilité.

Vous n'y voyez plus clair ? Asseyez-vous sous votre bureau, soufflez (fort) et regardez la pièce qui vous entoure sous un tout nouvel angle. Retournez vos feuilles ou votre livre et lisez à l'envers. Changez votre regard pour un nouveau départ.

Pourquoi s'en vouloir de pleurer ?
Chaque larme versée
dessine une mare de sel à nos pieds,
gommant les cors tenaces dans nos souliers :
voilà deux pieds tout neufs pour avancer !

Apprendre à déposer ses doutes
pour voyager léger.

Se perdre en chemin
fait partie du voyage
et permet, aussi, d'être sûr de soi.

Tout voyageur
connaît des périodes d'égarement.
S'il dépose un temps son balluchon
pour repenser sa trajectoire initiale,
du ciel une étoile se détachera
et le guidera.

Tendre un bras vers l'avant en relevant la main à la verticale. Inspirer profondément. Prendre conscience de sa capacité à éloigner l'indésirable, le négatif. Prendre conscience de sa capacité à se protéger.

Revêtir le costume
des responsabilités
peut être l'équivalent
d'un tour du monde
en termes d'expérience
et de maturité.

« [...] Mais souvent aussi, vous avez simplement fait reculer l'ignorance par pur amour du savoir, pour rendre le monde un peu plus intelligible. Tenez, grâce à vous, chacun sait maintenant que l'eau bout à cent degrés.

– Oui, et moi je ne sais toujours pas faire cuire un œuf à la coque. Les durs pépins de la réalité, disait Prévert... Quelquefois, je me demande si le savoir-faire ne vaut pas mieux que le savoir. »

Jean-Pierre de Beaumarchais in *À quoi sert le savoir,* Presses Universitaires de France, 2011.

La grandeur habite la maison des humbles.

Chaque rêve réalisé
est une étoile de plus
dans le ciel des possibles.

S'il fallait attendre d'être parfait
pour devenir parent,
le monde serait bien vide !

« Les enfants, ce n'est pas sorcier, ça pousse à travers nos erreurs. »

Christian Bobin, *La Plus que vive,* Gallimard, 1999.

Les erreurs font partie de la vie et, à bien y réfléchir, les enfants se construisent aussi à partir des « ratés » de leur famille. La culpabilité des uns et l'âpreté des autres font partie du chemin, et de l'amour. La force réside sans doute dans le fait de s'éveiller à l'or qui émane de nos propres larmes.

Être parent,
c’est apprendre à laisser faire
ce qui doit l’être.

Grandir,

c'est construire sa propre famille.

À *sa* façon.

Sentir un petit cœur battre contre le sien

est la plus grande des échasses.

Priver un enfant (ou un « adulte » !)
d'imagination c'est lui retirer
la possibilité de s'échapper lorsque nécessaire.
Alors, oui, bien sûr,
cette chambre est magique
et s'envole chaque nuit
vers un royaume de chocolat,
ce doudou parle et mange
comme vous et moi,
et ce petit garçon est un cow-boy !
Voyons !

Grandir fait mal,
ne serait-ce que
dans les jambes qui s'étirent,
et l'on peut s'en réjouir
comme le sportif qui s'égaie
de ses courbatures,
signe de l'effort accompli.

Toute personne, pour grandir, a besoin d'un cadre. La liberté naît des limites.

Pourquoi avoir peur
de l'autre ?
Et s'il nous craignait,
lui aussi ?

Certains départs dans la vie sont difficiles.
Mais ce sont parfois ceux qui partent
avec des boulets aux chevilles
qui sont à l'arrivée les plus libres,
fidèles à ce qu'ils sont.
Ces personnes-là sont très riches
et prouvent qu'on peut aussi choisir,
au moins un peu, sa vie.

On grandit en aidant à grandir.

On grandit parfois plus vite
en fermant les yeux pour regarder en soi
qu'en parcourant le monde.
Mais il faut parfois courir de par le monde
pour trouver le courage
et l'instant propices à cette quête de sens.

« Moi, Hassan fils de Mohammed le peseur, moi, Jean-Léon de Médicis, circoncis de la main d'un barbier et baptisé de la main d'un pape, on me nomme aujourd'hui l'Africain, mais d'Afrique ne suis ni d'Europe ni d'Arabie. On m'appelle aussi le Grenadin, le Fassi, le Zayyati, mais je ne viens d'aucun pays, d'aucune cité, d'aucune tribu. Je suis fils de la route, ma patrie est caravane, et ma vie la plus inattendue des traversées. »

Amin Maalouf, *Léon l'Africain*, J.-C. Lattès, 1986.

L'expérience du voyage et la rencontre de l'Autre remettent bien des pendules à l'heure. Celle de l'essentiel.

« Toute petite, on me demandait :
"Qu'aimes-tu le mieux ? le sucre ou Maman ?
– J'aime mieux le sucre !"
Jules-Marie, de quatre ans mon aîné, reprenait :
"J'aime mieux Maman !
– Et moi, le sucre !" continuais-je sans me troubler.
Tout le monde riait et Mère m'embrassait en me murmurant à l'oreille :
"Sois toujours franche, ma fille." »
Catherine Guennec, *Le Roman de Sophie Arnould,* J.-C. Lattès, 2010.

Toute vérité n'est pas bonne à dire, mais rester fidèle à la sienne permet de choisir sa vie.

Cherchez le soleil :
les plantes ne sont pas les seules
à avoir besoin de lumière
pour grandir !

« Mes souvenirs d'Aubagne sont peu nombreux, parce que je n'y vécus que trois ans.
Je vois d'abord une très haute fontaine, sous les platanes du Cours, juste devant notre maison. [...]
Je vois ensuite un plafond qui tombe sur moi à une vitesse vertigineuse, pendant que ma mère, horrifiée, crie : "Henri ! tu es idiot ! Henri, je te défends..."
C'est que mon oncle Henri, le frère de ma mère, me lance en l'air, et me rattrape au vol. Je hurle d'angoisse, mais quand ma mère m'a repris dans ses bras, je crie : "Encore ! encore !" »
Marcel Pagnol, *La Gloire de mon père,* Éditions de Fallois, 2004.

Et il en va ainsi toute la vie ! Que ce soit en matière d'amour ou de dépassement de soi, nous nous rapprochons toujours du ciel à la moindre occasion, et même si l'on a juré qu'on ne nous y reprendrait plus. Le bonheur a bonne mémoire !

Il y a trop de rêves à réaliser
pour se tenir tranquillement sur ses pieds.

Osez voir le monde à l'envers
en marchant sur vos mains !

Cesser de réfléchir
à ce que l'on peut faire.
Se demander
ce que l'on veut faire.

Celui qui entreprend
de faire le tour du monde
sur ses mains

et rebrousse chemin
trois villages plus loin

se sera déjà autorisé
un autre destin.

« Que voudras-tu faire plus tard ? »
Nous parions qu'on vous a déjà
posé mille fois cette question...
il y a bien longtemps !
Ne pensez-vous qu'on devrait en réalité
se la poser tout au long de la vie ?
Alors ?
Que voulez-vous faire dans 5, 10, 15 ans ?
Et... maintenant ?

Happés par le tourbillon des obligations
– qui, quand on y pense,
n'en sont pas forcément –,
nos poches se vident parfois
de nos biens les plus précieux :
nos rêves.

Est-il vraiment trop tard ?

Qui aurait l'idée saugrenue
de lâcher ses écrans par milliers,
de vider son appartement
et de démissionner
pour filer tondre des moutons
en Nouvelle-Zélande
et voir s'il/elle est ailleurs ?
Vous ?
Sans aller jusque-là,
n'est-il pas temps de humer l'essentiel ?

Vous vous noyez dans un verre d'eau ?
Pourquoi ne pas faire une pause
et prendre le temps de croire ?
En quoi ?
En vous, en les autres, en la vie,
en l'avenir, pardi !

Accepter tous les aspects de sa personne.
Et en tirer le meilleur.
Ça vous semble bateau ?
C'est que l'aventure n'est pas terminée !

Injectons de nouvelles couleurs
dans nos vies !

Dans la turbulence du quotidien,
une urgence devrait prévaloir sur les autres…
Celle de se sentir appartenir au monde,
à une époque où tout va si vite.
C'est en se sentant vivre
qu'on devine le sens de notre existence.

« Un jour, j'ai changé d'odeur. Je me suis mis à sentir le végétal. D'un coup. Moi, je n'avais rien demandé à personne. [...] Je suis tout simplement en train de pourrir, je tombe en décomposition. [...] Sur la droite, une vague aire de stationnement. [...] Je suis revenu à mon gros platane, les phares toujours dans la gueule. Je lui ai tourné autour. Je lui ai jeté des cailloux. [...] Puis j'ai enlacé l'arbre, mon visage de peau et de bois contre son tronc. [...] En sueur, j'ai contracté tous mes muscles, j'ai retenu ma respiration et je l'ai serré comme une brute, jusqu'à ce que mes bouts de peau saignent, jusqu'à ce que mes mains deviennent chaudes, brûlantes, qu'elles soient écorchées, que tout mon corps ressente la douleur de ce contact. »

Antoine Percheron, *Végétal,* L'Escampette, 2001.

Face à l'irréversible, si aucune baguette magique ne peut changer un destin douloureux, l'imagination a ce pouvoir de déposer un manteau réconfortant sur vos épaules. Un manteau capable de mettre une image sur un mal qu'aucun mot ne pourra décrire. Une chaleur permettant de laisser couler les larmes et la rage nécessaires pour trouver la paix.

Si une âme, en s'en allant,
laisse une mer de désolation derrière elle,
si la peine est immense et inconsolable,
et que le goût de vivre se perd,

c'est que le démuni
a eu la magnifique chance
de faire une rencontre unique.

Grandir,
c'est aimer et chérir
en conscience.

On ne grandit
pas toujours
quand on le décide.
Il est des événements
qui font gravir
les marches de la vie.

Grandir,
c'est regarder le monde dans les yeux,
saisir sa cruauté,
et la dépasser, pour vivre.

Quand la vie dépose un baiser
sur les yeux d'un être aimé
pour les refermer à jamais,
aucun mot n'est à la hauteur.
Il faut alors puiser en soi tout l'amour
et tout le courage de continuer à avancer.

Chaque ride a une histoire.
On ne vieillit pas,
on grandit.

« Si... »

Si le jour soudain sombrait
Et que la Terre se refermait
Si tout s'arrêtait

Nous nous serions aimés.

Et pour cela je ne regrette pas
Mon passage ici-bas.

Quelle est cette peur qui me gangrène ?
Cette psychose que tout s'arrête ?
Je ne le sais.
Mais au cas où,
Tu as tout mon amour.

Je t'aime comme les étoiles aiment leur ciel,
Je t'aime comme les fleurs aiment leur terre,
Je t'aime de cette façon qui fait qu'on sait.

La vie ne laisse pas toujours
le temps ou la possibilité
de dire aux gens qu'on les aime.
Mais l'on peut choisir
de le faire quand même.

Comment ? En écrivant une lettre
que l'on déposera à l'endroit de notre choix
ou que l'on brûlera, une fois les mots libérés.
En pensant fort au point de se sentir entendu.
En riant aux éclats, d'un rire qui s'exprime.

Le temps s'écoule
et s'enroule autour de nous.
Un jour, bien sûr,
il nous séparera de nos proches.
Mais pourquoi trembler ?

La peur est au bonheur
ce que la lumière est au soleil.

Dans une poche de la vie,
une montre à gousset.
Un jour nous partirons,
et peut-être avant nous,
ceux que nous aimons.
Quoi qu'on en dise.
Aimons à plein cœur !

Il est des personnes
qui fleurissent notre chemin
puis se perdent en cours de route.
Mais, en fin de course,
on s'en souviendra sans nul doute.

Quand une personne a compté,
peu importe
ce qui a bien pu se passer,
certaines de nos pensées
lui seront toujours consacrées.
L'important n'est-il pas d'avoir,
un temps, partagé ?

Faire le tri dans le cirque social
est primordial pour grandir.
Sentir le vrai
dans un monde de miel et de fiel,
et se réjouir des belles rencontres.

Si mettre un couvercle sur les problèmes
peut protéger et éviter de voler en éclats,
nos sens nous rappelleront toujours à l'ordre.
Alors, autant s'atteler au ménage de printemps
tant qu'il est encore temps.

Fermer les yeux et rester là, comme ça, à sentir l'esprit et le corps se tranquilliser.
Inspirer sur quatre temps.
Accueillir en soi une pousse de pissenlit et souffler dessus en expirant lentement sur huit temps et en imaginant son espace intérieur se vider, laissant toute la place à la disponibilité.

Faire place nette
donne une nouvelle vie
aux possibilités oubliées.

C’est en allégeant le décor
qu’on retrouve des trésors.
C’est en s’apaisant
qu’on retrouve sa force.

Grandir,

c'est faire la somme des apprentissages
et outils cumulés depuis la naissance
et les utiliser au quotidien pour vivre bien.
On est bien plus armé qu'on ne le pense !

« Les livres me protègent. Je peux toujours m'y recroqueviller, bien à l'abri, comme s'ils instauraient un autre univers, entièrement coupé du monde réel. J'ai le sentiment paradoxal que rien ne m'y atteint alors qu'ils me bouleversent d'une façon maladive, victime d'une sensibilité excessive à l'écriture, tels ces êtres contraints de se laisser pousser les ongles pour ne pas, par distraction, toucher je ne sais quoi du doigt alors que leurs doigts sont trop fragiles pour supporter le moindre contact. Je devrais de même lire avec les ongles mais je suis trop heureux d'être sens cesse ébranlé. »

Mathieu Lindon, *Ce qu'aimer veut dire,* P.O.L, 2011.

On n'est jamais tout à fait le même une fois que l'on referme un livre qui nous a ému, ne serait-ce que pour une seule phrase sur les milliers qu'il renferme. Pour cette infime émotion, s'isoler des heures durant vaut bien le voyage.

« Pleurer/rire comme un enfant »,
« se comporter comme un gosse »,
« faire un caprice de gamine »,
« aimer comme un ado »...

On a parfois cette impression
que les petits prennent le pas sur les grands.
Est-ce un problème ?
Tout est question de mesure.

« Le mardi précédent, il avait trouvé la maison vide, en rentrant le soir. [...] Du reste, il avait trouvé sur son téléphone portable ce texto des plus laconiques : "Je pars." [...] Cela voulait dire quoi ? "Je pars pour quelques jours" ou "Je pars définitivement" ? [...] On ne finit jamais son éducation sentimentale, même à soixante-dix ans, et la rupture en fait partie. Ce mardi-là, Robert avait erré sans but dans la villa, désœuvré et désemparé. Il avait peur du silence de ces maisons désertées, où l'on entend seulement le craquement des meubles, le vent dans les arbres et le bruit de ses propres pas... Depuis lors, le vieil homme était "en manque" de Rose. L'éloignement, la désertion, l'absence sont des petites morts qui procurent un avant-goût de la vraie. »

François Bott, *Avez-vous l'adresse du paradis ?*, Le Cherche midi, 2012.

De même qu'on peut détester les épinards et les adorer des années plus tard, les sentiments peuvent se transformer. Se cacher derrière une promesse en « toujours » meringué n'y a jamais rien changé. Et les larmes, même sous les rides, connaissent un chemin pour se former.
Mais il tient à chacun de choisir de tout faire pour choyer son histoire et, quand la vie se retirera, être ce duo qui se réjouira : « Nous sommes ce couple sur deux qui a perduré. »

Grandir implique
de prendre des risques.
Notamment celui d'aimer
et de s'engager.

Les périodes de doutes,
de lassitude et de manque
de ce petit grain de folie
des débuts peuvent survenir
et semer le trouble.

Aimer, c'est trouver en soi
le courage de déplacer
les émotions nouvelles
au sein de son couple,
pour l'enrichir et le faire grandir.

Celui ou celle qui prendra le temps de s'accroupir et de se sentir plus petit que la Nature
retrouvera l'équilibre. Non pas pour s'apercevoir minime mais pour choisir ses combats.

Inutile de la chercher ou de la singer :
quand elle pointe son nez,
l'évidence lève un voile de vérité.

« Elle lui avait raconté comment le minuscule têtard, invisible à l'œil nu qu'elle avait été s'était battu, avait lutté pendant des heures pour arriver enfin à trouver le nid qui ferait de lui un être humain vivant. Oui, elle avait demandé à vivre, et comment ! Car elle n'était pas seule à lutter pour parvenir au nid. Ils étaient des millions de petits têtards qui avaient la même prétention qu'elle. Cinq millions, au moins et un seul serait élu. Alors avait commencé une course folle contrariée par des obstacles perfides, des lacs empoisonnés, des collines exténuantes à franchir, des précipices mortels à éviter. »

Geneviève Dormann, *Le Bal du Dodo,* Albin Michel, 1989.

Nous sommes doués pour la vie puisqu'on a remporté la plus belle course, devant des milliers d'autres spermatozoïdes ! Quel parcours ! Et quel chemin, depuis !

Croire en soi, envers et contre tout !

Donner la main fait grandir ;
le bras s'allonge et le cœur applaudit.

Grandir, c'est se faire confiance
et flirter avec ses intuitions.

Plus on grandit,
plus on voit de haut.
Plus on vieillit,
plus on se tasse,
et plus on se rapproche de la sagesse.

Le cœur a même allure
à quatre, quatorze, quarante
et quatre-vingts ans.
Seule l'enveloppe change.
Il suffit de fermer les yeux
pour retrouver ses quinze ans.

Se transformer en ouragan
et souffler de toutes ses forces
sur son histoire
au point de postillonner dessus
et de devenir tout rouge...
pour ressentir son énergie de vie
et courir à bras ouverts vers celle-ci.

S'époumoner
à crier son amour pour la vie,
les belles personnes et,
bien sûr, le chocolat !
Il n'y a pas d'âge pour se rappeler
que notre existence est unique.
Jusqu'ici, pouvons-nous dire
que personne d'autre
n'aurait pu la vivre ainsi ?
Que nous sommes les seuls
à avoir pu faire les choses
comme nous les avons faites ?
Oui ?
Alors le pari de la vie est relevé !
Non ?
Alors la meilleure partie reste à jouer…

Combien de portes avez-vous ouvertes
puis refermées dans votre vie ?

Quelle sera la prochaine ?

Le savoir est la photo d’un instant T.
Une photo jaunie
au regard du lendemain.
Chic, de beaux reportages
restent à venir !

« Grandir n'est pas s'enrichir de quelque chose de nouveau, mais découvrir ce que l'on a déjà à l'intérieur. »

Alexandre Jollien, extrait d'une interview dans *Elle*, 13 août 2007.

Grandir, c'est devenir Soi.

« L'oiseau des souvenirs »

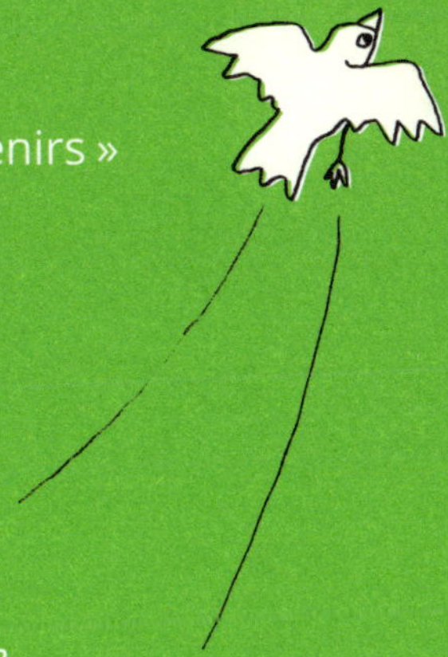

Sur l'épaule
L'oiseau se pose
Becquetant les derniers souvenirs

Et, au coin d'un sourire,
Fin prêt à partir,
Se retourne une dernière fois :

Comme tu as grandi, il dit,
Avant de s'évanouir
En un bruissement d'elle.

L'enfant, une main sur le cœur,
Regarde alors désormais sans douleur
Son temps déguerpir.

Remerciements

Merci à Marie-Anne Jost-Kotik pour sa confiance. À Laury-Anne Frut pour le moment partagé. À Claire Morel Fatio pour ses dessins dont la fraîcheur et la finesse font la richesse de ce petit recueil. À Camille de Montmorillon et Marie Caillaud pour leur travail. À la librairie Chantelivre d'Issy-les-Moulineaux, pour les pépites. Merci à Catherine Rambert, Vincent Barbare, Damien Naddeo, Caroline Destais et Caroline Obringer pour leur accueil.

Merci à Paul Blottière et Astrid Crépin. Merci à Véronique Blottière, Michel Raymond, Pierre Kukuryka, Anne Scholler, Wladimir Troubetzkoy, Florence Balique, Jean Orizet, Céline Ghesquieres, Denis Roume, Odile Gazagne, Anne-Christine Lefebvre et Nathalie Blasco dont j'ai eu la grande chance de croiser la route, pour grandir.

Merci à Amélie Hardel, Émilie Juin, Catherine Guennec, Françoise Dorn, Maëva Saudrais et Audrey Bernard pour leurs encouragements. Merci à (tous) mes parents, et à mes petites sœurs dont je suis très, *très* fière.
Merci à ma grand-mère, pour les siestes dans les marmites. À Sandra Gaignet, pour la grenouillère. Et à Damien, d'hier à demain.